Todos los libros de Linkgua Ediciones cuentan con modelos de Inteligencia Artificial entrenados por hispanistas. Pregúntale al chat de tu libro lo que desees acerca de la obra o su autor/a.

Para **ebooks**: Accede a nuestro modelo de IA a través de un enlace.

Para **libros impresos**: Escanea el código QR de la portada con tu dispositivo móvil.

Obtén análisis detallados de nuestros libros, resúmenes, respuestas a tus preguntas y accede a nuestras ediciones críticas generativas para una experiencia de lectura más enriquecedora.
La transparencia y el respeto hacia la autoría de las fuentes utilizadas son distintivos básicos de nuestro proyecto. Por ello, las respuestas ofrecen, mediante un sistema de citas, las fuentes con las que han sido elaboradas.

Condesa de Merlin

Los esclavos en las colonias españolas

Barcelona 2025
Linkgua-ediciones.com

Créditos

Título original: Los esclavos en las colonias españolas.

© 2025, Red ediciones S.L.

e-mail: info@linkgua.com

Diseño de la colección: Michel Mallard.

ISBN rústica ilustrada: 978-84-9816-9300.
ISBN tapa dura: 978-84-1126-672-7.
ISBN rústica: 978-84-9007-940-9.
ISBN ebook: 978-84-9007-638-5.

Sumario

Brevísima presentación

La vida

María de las Mercedes de Santa Cruz y Montalvo, condesa de Merlin (1789-1852). Cuba.

Nació en una familia de la aristocracia habanera el 5 de febrero de 1789. Era hija de Joaquín de Santa Cruz y Cárdenas y María Teresa Montalvo y O'Farril, condes de Jaruco y Mompox. La condesa de Merlin ingresó en el Convento de Santa Clara en La Habana a los ocho años y harta de la vida religiosa intentó fugarse, ayudada por la madre Santa Inés, inspiradora de su libro, *Historia de Sor Inés* (1832).

Tras su intento de huida la familia se fue a Madrid. Allí murió su padre y, tras la invasión francesa, la familia se refugió en la casa del general Gonzalo O'Farril, quien mantenía muy buenas relaciones con José Bonaparte. En ese ambiente conoció a Goya, Quintana y Meléndez Valdés y al conde de Merlin, con quien se casó a los veinte años.

Con la derrota de los franceses el matrimonio marchó a París. Figuras políticas y artistas frecuentaron su salón; entre ellos, la princesa de Caraman, Lord Palmerson, el general Lafayette, el conde de Orsay, Victor Hugo, Honoré de Balzac, Alfred de Musset, Alphonse de Lamartine, Franz Liszt, Gioachino Rossini, George Sand, José de la Luz y Caballero, José Antonio Saco y Domingo del Monte.

La condesa de Merlin viajó por Alemania, Suiza, Inglaterra e Italia. Enviudó en 1839 y en 1840 regresó a Cuba, y escribió *Viaje a La Habana* (1844). Por entonces fue acusada de plagiar a Cirilo Villaverde, José Antonio Saco, y Ramón de Palma. Félix Tanco y Bosmeniel fue unos de sus principales detractores; con su *Refutación al folleto intitulado Via-*

ge a La Habana, publicado en 1844. En el bando opuesto, estuvieron Gertrudis Gómez de Avellaneda y Gabriel de la Concepción Valdés, quien le dedicó una oda sentimental a su partida de La Habana en 1840.

Tras *Mis primeros doce años*, publicó *Historia de Sor Inés* (1832), *Souvenirs et Mémoires* (1836), *Los pasatiempos de las mujeres del mundo* (1838), *Madame Malinbran, Los esclavos en las colonias españolas* (1841), *Viaje a La Habana* (1844), *Lola y María* y *Las leonas de París* (1845) y *Le Duc d'Athènes* (1852). La condesa de Merlín, murió el 31 de marzo de 1852, en el Castillo de Dissay, a las afueras de Poitiers, en Francia.

Preliminares[1]

Creemos que será leída con interés la presente memoria de la señora Condesa de Merlin,[2] la cual habiendo hecho una visita el año próximo pasado a la isla de Cuba, lugar de su nacimiento, y donde hace mucho tiempo que está establecida su familia, ha recogido, durante su residencia en La Habana, documentos interesantes y auténticos sobre la situación de los esclavos en las colonias. Importante en extremo es la cuestión que promueve esta célebre escritora, criolla de nacimiento y de origen, que bien lo da a conocer en el entusiasmo con que habla de su país natal. Nos hemos determinado a traducirla de la *Revista de los dos Mundos* del 1.º de junio para animar tanto a los naturales de la isla de Cuba y de Puerto Rico, como a las personas que han residido en ellas, a analizar este trabajo y a entrar de lleno en una cuestión que les interesa tanto, que puede decirse que es de vida o muerte para aquellas provincias, y no es menos para la misma metrópoli, que no solo ve en ellas los únicos restos de sus vastas posesiones trasatlánticas, sino que tantos recursos saca de ambas.

Aun es más importante en el día en que ya están emancipados los esclavos de las posesiones de la Gran Bretaña, en que tratan de hacer lo mismo los franceses con los suyos, y sobre todo en que según las apariencias, la Inglaterra anuncia sordamente que va a adoptar una determinación sobre este punto. No nos durmamos pues: ganémosle la delantera y para ello es un deber de los que pueden hacer algo, que pro-

---

1   La siguiente presentación es obra de Agustín de Palma. (N. del E.)
2   Hemos respetado de la ortografía francesa del apellido de la autora. (N. del E.)

pongan por medio de la prensa lo que crean que debe hacerse en circunstancias tan delicadas.

Los esclavos en las colonias españolas

Los filósofos y los publicistas no han examinado, en mi concepto, muy de cerca las cuestiones concernientes a la situación de las colonias europeas en las Antillas y a la esclavitud establecida en ellas.

La armonía mágica de la palabra libertad engaña a muchas imaginaciones y les causa un vértigo. Sin profundizar los hechos que originan estos debates, parten de una apropiación incompleta, y de falsa consecuencia en falsa consecuencia, la filantropía concluye por hacer degollar a los blancos para sumergir en la miseria a los negros, esperando darles libertad. Sé que al oír estas palabras los entusiastas pronunciarán un anatema contra mí, criolla endurecida, educada con ideas perniciosas, y cuyos intereses están ligados con el principio de la esclavitud; pero yo los dejaré decir, y apelaré al buen sentido de las personas sensatas. Si después de haber leído este escrito me condenan, me entrego a ellos pidiéndoles perdón en favor de este amor inquieto de la justicia, que puede extraviarme, pero que no destruirá nunca la piedad generosa en el corazón de una mujer.

Nada más justo que la abolición de la Trata de negros; nada más injusto que la emancipación de los esclavos. Si la trata es un abuso insultante de la fuerza, un atentado contra el derecho natural, la emancipación sería una violación de la propiedad, de los derechos adquiridos y consagrados por las leyes y un verdadero despojo. ¿Qué gobierno bastante rico indemnizaría a tantos propietarios, que se verían privados de un capital adquirido legítimamente? La compra de esclavos en nuestras colonias no ha sido solamente autorizada, sino protegida por el gobierno, que dio el ejemplo haciendo venir los primeros negros para el trabajo de las minas.

Después del descubrimiento de la América las naciones más ilustradas protegieron el comercio de esclavos: la Inglaterra obtuvo el monopolio de la trata, y le conservó por más de medio siglo. En aquellos tiempos en que gobernaba al mundo la fuerza material, un negro alimentado y vestido por su amo, y que pagaba este beneficio con su trabajo, era más feliz que el vasallo que, además de una contribución feudal, tenía que satisfacer la renta, y después comía y se vestía si encontraba qué comer y con qué vestirse.

Para formar un juicio exacto sobre los hechos históricos, es necesario trasladarse a los tiempos y a los lugares en que han sucedido; examinar el grado de luces, los usos y hasta las preocupaciones de la época y del país. Sería tan injusto denigrar a España por haber sido antes una de las primeras naciones que patrocinaron el comercio de esclavos, como culpable hoy el tolerarle;[3] sin embargo, si se reflexiona que, tanto en aquel tiempo como en la actualidad, los africanos, condenados a la esclavitud, están destinados a morir y a que los devoren sus contrarios, no puede asegurarse cuál es el beneficio, ni cuál la crueldad.

Cuando una tribu tomaba prisioneros de otra enemiga, si era antropófaga, se comía sus cautivos, y si no lo era los inmolaba a sus dioses o a su odio. La introducción de la trata produjo un cambio en esta horrible costumbre: los cautivos fueron vendidos. Desde esta época, habiendo ido en aumento el comercio de esclavos y desenvolviéndose proporcionalmente entre estos bárbaros el deseo de la ganancia, los reyes o jefes de las tribus han acabado por vender a sus propios siervos a los comerciantes europeos. Cambiar de dueño era un beneficio para estos cautivos, porque en África el esclavo no solamente recibe peor trato que bajo el dominio de los

---

3   (Sic.)

blancos, sino que le dan mal de comer, no le visten, y si llega a enfermar, a envejecer o a perder un miembro por casualidad, le dan muerte como hacemos nosotros con un buey o con un caballo.

Así, aun aboliendo la trata, estaremos todavía muy distantes de conseguir el fin que se proponen las naciones filantrópicas. Conocidos son los esfuerzos constantes de la Inglaterra para emancipar los esclavos de las colonias españolas. Si el origen de estos esfuerzos fuera puro, la Gran Bretaña podría adquirir una gloria inmarcesible, la de destruir el mal de raíz, proclamando una liga santa en Europa. Esta nueva cruzada tendría la misión de ir a África a enseñar a las tribus salvajes, bien por la persuasión, bien por la fuerza, que el hombre debe respetar la vida y la libertad de los otros hombres.

Sin esto, el resultado de tan nobles esfuerzos será incompleto, y no se conseguirá el fin; porque, si se presenta a los desventurados negros la cruel alternativa de morir comidos por los suyos, o de permanecer esclavos en medio de un pueblo civilizado, su elección no es dudosa, preferirán la esclavitud.

«Lejos de ser una desgracia, es una fortuna para la humanidad la exportación de los esclavos africanos a las Antillas», dice el célebre Mungo Park, «primeramente porque son esclavos en su tierra, y después porque los negros si no tuvieran la esperanza de vender a sus prisioneros los despedazarían.» No debe ser sospechosa esta confesión de un inglés educado por la sociedad africana en Londres y empapado en las máximas filantrópicas que, bajo el velo de la humanidad, ocultan miras de interés y de monopolio.

Es indudable que la isla de Cuba hace mejor azúcar y en mayor cantidad que las colonias inglesas en la India, y que el abatimiento de la industria colonial de España, entregando a los ingleses el monopolio exclusivo de un artículo que es hoy de primera necesidad en todo el mundo, vendría a ser una fuente de prosperidad para la suya, porque no siendo comparables los azúcares de Nueva Orléans y del Brasil al de La Habana, la isla de Cuba es la única y verdadera rival de las colonias inglesas; por lo cual la rivalidad de la Gran Bretaña ha empleado contra ella las tentativas más hostiles y más criminales. Casi todos los levantamientos de negros en las fincas de la Isla han sido excitados por agentes ingleses y algunos por franceses. Un amor mal entendido de la libertad sirve de móvil a estos últimos: los primeros solo obedecen a un impulso interesado.

En tanto que se trataba con pérfidas instigaciones de sublevar los negros contra sus dueños, el gobierno inglés, que pertenece al culto protestante, como todos saben, hacía circular por las Antillas una pretendida bula del Santo Padre contra la esclavitud en América. ¿Ha sido esta bula expedida verdaderamente por Su Santidad? Estoy tentada de no creerlo. Ha sido propagada en Cuba en latín y en inglés como pieza auténtica: siento no tener copia de este documento, que está impreso y que se ha intentado repartir clandestinamente en La Habana. Esta bula, conducida allí por un buque de guerra inglés, es una apelación a los sentimientos religiosos y una amenaza de excomunión contra el católico que no concurra con todo su poder a la destrucción de la esclavitud: declara en pecado mortal a todos los fieles que hasta con el pensamiento no la maldigan.

Semejante medio de proselitismo empleado en las colonias no puede tener otro resultado que la revolución. Evidentemente no se dirige a los amos, tan interesados en conservar sus esclavos, sino a los negros, cristianos ignorantes, que creen sus intereses en armonía con las máximas proclamadas de este modo. Apelo a las gentes de bien, a las gentes de corazón, a la nación inglesa. Encender a la claridad divina de la fe la tea del odio y de la venganza ¿es promesa que el amor de la humanidad admite o justifica?

La esclavitud es un atentado contra el derecho natural; pero existe en Asia, en África, en Europa, en los Estados Unidos, en el mismo centro de la civilización, y es tolerada: hasta ahora no ha llegado a mí noticia que nadie haya intentado atacarla en Rusia con el auxilio de una doctrina religiosa. Solo despierta los reclamos de la filantropía contra las colonias de América, donde fue antes protegida por las mismas potencias que ahora quieren destruirla; y como la fuerza de la ley y el derecho se oponen al cumplimiento de sus miras, apelan al fanatismo, a la sedición, a la discordia.

Aboliendo la trata, todavía no se logra desgraciadamente el fin indicado por los filántropos, la emancipación de la especie humana; pero entre una imposibilidad y una injusticia, se habrá hecho lo que se ha podido: los estados de la Europa civilizada con esta abolición cumplirán un deber, rendirán homenaje a la humanidad y calmarán su conciencia del siglo XIX. Sin embargo, antes de todo deben empezar por respetar la propiedad y la vida de sus hermanos.

Conozco que me separo del orden de mi narración, y vuelvo a él.

Apenas habían pasado treinta años del descubrimiento de América, cuando la raza indígena se encontró considerablemente disminuida. El horror de que se llenaron los indios cuando vieron su independencia encadenada, los malos tratamientos con que los españoles los forzaban a trabajar, la desesperación que causaba una opresión violenta a gentes que siempre habían vivido en la indolencia; todas estas causas unidas a la plaga de las viruelas, que los diezmó al principio del siglo XVII, hicieron desaparecer bien pronto del globo una casta dulce e inofensiva. Antes de la llegada de los conquistadores sus necesidades se limitaban a vivir de peces y frutas, tan abundantes en esta tierra bendita. Las frutas, si puedo explicarme así, les caían en la boca sin que tuviesen el trabajo de cogerlas, y la pesca era un placer sensual para un pueblo cuyos únicos goces consistían en el descanso y en la contemplación de la naturaleza. Cuando las enfermedades, la fatiga y el suicidio hubieron destruido un gran número de indios, las tierras quedaron yermas por falta de brazos que las cultivasen. El abandono y la soledad amenazaron con la esterilidad estos bellos países, conquistados con tanta audacia y felicidad por la civilización europea. El obispo de Chiapa, fray Bartolomé de las Casas, se constituyó en ardiente campeón da esta raza infortunada: sus palabras evangélicas resonaron en las extremidades del mundo: en aquellos tiempos de bárbaro despotismo tuvo el valor de censurar a un rey y de quejarse en alta voz por un pueblo desgraciado. Este santo hombre fue el primero que pidió esclavos africanos para la América, al principio para mejorar la suerte de la raza india, que iba a extinguirse, después para impedir que los antropófagos devorasen a sus enemigos. El amor de la humanidad introdujo en América el germen de la esclavitud, cuyo origen fue debido a la idea caritativa de un hombre lleno de valor y de virtud. Debemos confesar que entonces se estaba muy lejos de esa perfección social hacia la cual marchamos ahora con tanto ardor. Pero reconozcamos la verdad importante, de que es peligroso en todos tiempos considerar el bien y el mal de un modo absoluto. Hoy mismo se halla el mundo tan mal arreglado, que la esclavitud debe mirarse comparativamente como un bien.

Acabamos de ver cómo se introdujo en América. Después de vivos debates en el Consejo del rey don Fernando, se resolvió enviar negros para reemplazar a los indígenas. Desde 1501 hasta 1506 fue permitido introducir un pequeño número en la Española, hoy Santo Domingo, con la triple condición de que serían escogidos entre los africanos educados e instruidos en la religión católica en Sevilla y que a su vez instruirían a los indios. En 1510 el rey don Fernando envió de Sevilla cincuenta negros destinados al trabajo de las minas.

El número de los indios disminuía diariamente: se ahorcaban de los árboles o emigraban a las Floridas. El rey mandó tratarlos con consideración, y que se les dejase en libertad; pero eran tan débiles y tan poco acostumbrados a la fatiga, que cuatro días del trabajo de un indio no equivalían a uno de un africano: fue preciso aumentar el número de los negros que el gobierno haría importar por su cuenta. En esta época el monopolio se apoderó de la trata. Carlos V autorizó a los flamencos en 1516 para que introdujesen cuatro mil esclavos nuevos en Santo Domingo; más tarde se concedió el mismo número a los genoveses. Ya por este tiempo, y aunque ningún tratado semejante hace mención de la isla de Cuba, las crónicas hablan de haber habido un levantamiento de esclavos en el ingenio de azúcar de don Diego Colón, hijo de don Cristóbal, lo que induce a creer que se habían introducido algunos negros por contrabando. Haya de esto lo que hubiere, no fue hasta 1521, poco después de la muerte de Velázquez, que por primera vez los flamencos trajeron a Cuba, con autorización del rey, trescientos negros. Los inmensos beneficios de la trata habían traído a América tantos flamencos, que en muchos países, siendo su número mayor que el de los españoles, no temieron atacar a los antiguos conquistadores, que los rechazaron. La corte de España se alarmó; el sistema de prohibición prevaleció en el Consejo del rey, y no fue sino en 1586 que don Gaspar de Peralta obtuvo un nuevo privilegio para introducir en Cuba doscientos ocho esclavos pagando 2.340.000 maravedís, o sean 6.500 ducados. Un segundo privilegio fue concedido a Pedro Gómez Reynal para vender tres mil quinientos esclavos por año, por espacio de nueve, pagando al rey 900.000 ducados anuales; por último, en 1615 Antonio Rodríguez de Elvas consiguió tercer monopolio mediante 115.000 ducados por año.

Posteriormente uno, nombrado Nicolás Parcia, compró diversas obligaciones, llamadas por los españoles cartillas del pagador, que no le fueron entregadas, y para reembolsarse obtuvo el privilegio de la importación de negros por cinco años; pero no teniendo los fondos necesarios para explotarla, lo cedió a los alemanes Kusmann y Beeks, los cuales, después de haber hecho fortuna, pagaron al pobre Parcia haciéndole encerrar como loco por el gobierno de Cartagena: pero estaba tan en su juicio que ayudado por la hija del carcelero, a quien había seducido, pudo escaparse de su prisión y llegó a la corte de España. El atentado de que había sido víctima excitó el interés del gobierno y se le indemnizó concediéndole un nuevo privilegio por otros cinco años.

Véase que todos estos tratados tienen poca importancia, y que hasta principios del siglo XVII era muy corto el número de los esclavos introducidos en las Antillas. Es verdad que la isla de Cuba no explotaba todavía minas, y que España, ocupada de los tesoros que extraía del Continente, no se cuidaba de las partículas de oro que había mezcladas con las arenas de nuestros ríos. Por otra parte, tenía que luchar contra los celos de las demás potencias, que la saqueaban de todos modos: guerra abierta, piratas, filibusteros, todo era bueno para hacerle pagar su bello hallazgo de Ultramar. En el curso del siglo XVII la trata cesó casi enteramente: el rey no concedió más privilegios, y se limitó a hacer introducir de tiempo en tiempo en La Habana un pequeño número de esclavos, destinados al trabajo de las minas. Este estado de cosas duró hasta la guerra de sucesión, época en que los franceses despertaron nuestra agricultura, la cual por falta de protección había caído en letargo: entregaron negros en cambio de tabaco, y la industria volvió a tomar algún movimiento. Pero en la paz de Utrech los ingleses obtuvieron el monopolio de la trata: a su actividad y al gran número de esclavos que introdujeron cuando en 1762 se apoderaron de La Habana, debe la isla de Cuba el nuevo desarrollo de sus progresos agrícolas. En 1763 el número de esclavos, que en 1521 era de trescientos, ascendió a sesenta mil.

Perdóneme el santo hombre de Chiapa. La esclavitud que introdujo fue para La Habana una semilla deplorable; llegada a ser árbol gigantesco, produce hoy los frutos amargos de su origen, pero no se podría derribarle sin correr el riesgo de ser sepultados bajo su peso. Fuente inagotable de sufrimientos, de graves responsabilidades y de temores, es además, por los excesivos gastos que ocasiona, un principio de ruina permanente. El trabajo del hombre libre no solo sería un elemento más puro de riqueza, sino también más sólido y más lucrativo. Si la prohibición de la trata fuese observada rigurosamente y la colonización protegida con actividad y constancia, se conseguiría la extinción de la esclavitud sin sacudimiento, sin detrimento y por el solo hecho de la emancipación individual. Para obtener este resultado sería necesario que la impericia y el deseo de la ganancia no fuesen más poderosos que los verdaderos intereses del estado y que el amor de la humanidad; sería necesario que, cumpliendo el tratado solemne que prohibe la trata, no hubiese barracones de negros bozales;[4] sería preciso que los gobernadores no autorizasen con la presencia de los agentes de policía el desembarco de los cargamentos negreros; y en fin, que el contrabandista mercader de esclavos no pagase la contribución de una onza de oro por cada negro que introduce en la isla. Esta vergonzosa gabela se disculpa con el celo de las autoridades por la colonia, la cual, según ellas, perecería sin el comercio de esclavos; celo peligroso para las mismas autoridades, porque su posición sería muy comprometida si el gobierno superior llegase a conocer su culpable tolerancia. Desde la nueva prohibición de la trata, es decir en los cinco años últimos, los gobernadores han ganado con esta contribución más de un millón de pesos fuertes, suma enorme, pero fácil de explicar si se reflexiona que en este tiempo se han introducido por nuestros puertos más de cien mil esclavos, mientras que apenas han entrado treinta mil colonos u otros emigrados de raza blanca.

Hay diversas causas para esta desproporción.

Una de las más tristes consecuencias de la esclavitud es envilecer el trabajo material. Siendo la agricultura el primer recurso, y el más general de las clases proletarias, el exceso de la población europea afluiría de preferencia a un país que le ofrece un buen salario, comodidades y una buena naturaleza, en vez de ir a los fríos desiertos de la América del Norte; pero apenas los proletarios europeos llegan aquí, se ven con una raza esclava y maldita; sienten lastimado su orgullo, se abochornan de la afrenta, y después tratan de hacerse servir. El primer uso que hace un pobre labrador de sus primeros ahorros es comprar un negro, desde luego para disminuir sus fatigas, enseguida, para rescatar la vergüenza de trabajar

---

4 Denominación que se da a los africanos sin instrucción y todavía salvajes.

con sus manos. Así en todas las épocas los mismos abusos han producido las mismas pasiones, y nuestras costumbres recuerdan todavía en el siglo XIX las de los griegos, de los romanos y de los tiempos feudales.

Hace algunos años que un habanero, patriota ilustrado, concibió un proyecto que le honra; hizo llamar por medio de un periódico a cincuenta labradores de Castilla, ofreciéndoles mil ventajas si querían venir a establecerse en Cuba y cultivar la caña.

Pocos días después apareció en el mismo periódico la reclamación más furibunda de un castellano residente en La Habana, el cual se quejaba amargamente del insulto hecho a su país, y añadía que los honrados castellanos no se hallaban todavía reducidos a tal grado de miseria y envilecimiento, que debieran igualarse a los negros esclavos de la isla de Cuba. Este soberbio desdén de los hombres blancos hacia los negros no es producido solamente por el desprecio inherente a la esclavitud, sino por la marca del color, que parece perpetuar hasta más allá de la emancipación la mancha de una condenación primitiva. Se diría que la naturaleza ha firmado con su mano la incompatibilidad de las dos razas: quizá un día deberemos a la civilización una fusión fraternal, pero desgraciadamente este día no está muy cerca.

Sin embargo, es digna de observación la circunstancia de que los blancos criollos en nuestras colonias son más humanos que los europeos, bien porque el criollo llegue a ser más compasivo a fuerza de ver a los hombres de África vivir y sufrir cerca de él o bien porque su vida patriarcal le lleve a extender a los negros la piedad paternal del hogar doméstico. No solo se manifiesta más dulce, sino menos altanero hacia sus esclavos, tratándolos con la autoridad de señor, mezcla no sé qué matiz de protección adoptiva y de solicitud paternal, que tienen mucho encanto para las almas que jamás han visto su orgullo humillado.

El Europeo que trae a Cuba las exigencias refinadas de su país, empieza experimentando por el negro esclavo una piedad exaltada; de allí pasa sin transición a despreciar su ignorancia, después se impacienta por su estupidez y como el pobre negro no le comprende acaba por persuadirse que un negro es una bestia de carga y le apalea como a un camello. Tales procedimientos no se ven solamente en los señores; también los practican los criados europeos que traen a Cuba: herido su orgullo de ver la domesticidad degradada hasta la esclavitud, se vuelven insolentes y crueles.

Con todo, estos inconvenientes no son invencibles: el tiempo y la civilización han destruido mil preocupaciones, y allanadas han sido por el progreso de la razón mil dificultades. Uno de los más ricos propietarios de la isla ha formado hace muchos años el proyecto de establecer un ingenio-modelo, trabajado solamente por hombres libres; pero, en el momento en que trató de hacer venir cierto número de colonos alemanes, tuvo que renunciar por los obstáculos que le opuso el gobierno. Otros hacendados, a quienes los destrozos del cólera han advertido de su peligro, empiezan a hacer trabajar a hombres asalariados ya por un jornal, ya por un precio conocido; pero solo para cortar y conducir la caña: este ensayo que ha salido bien encontrará imitadores, sobre todo si consiguen atraer a la colonia labradores alemanes, gente pacífica y buenos trabajadores.

Desgraciadamente la política seguida hasta el día ha preparado inconvenientes que se oponen ahora a que el trabajo de los hombres libres venga a reemplazar el de los esclavos. Sería preciso que el sistema que está actualmente en vigor fuese modificado según las nuevas necesidades. El gobierno español ha temido siempre en sus posesiones ultramarinas el contacto extranjero, así por los celos de las otras naciones, como por las inspiraciones de una política tímida, suspicaz y poco favorable a las ideas liberales. Las pérdidas y las desgracias de España, deben haber hecho desaparecer la envidia que había inspirado, y las innovaciones verificadas en sus instituciones prometen a su colonia una reacción feliz. La España antigua, en vez de favorecer la introducción de colonos de la metrópoli en Cuba, temiendo despoblarse, y viéndose ya casi exhausta de hombres por las emigraciones anteriores a la América, y por todos los males que han caído sobre esta tierra malhadada, no ha dado a la colonia, hasta el principio de este siglo, sino algunos aventureros que huían de las quintas, y en pequeño número de negociantes que, habiéndose enriquecido en este suelo, fijaban en él su domicilio por reconocimiento.

En estas circunstancias estalló la revolución de Santo Domingo. El desenvolvimiento de nuestra industria atraía entonces a la isla un gran número de negros de África. Encendida entre nuestros vecinos la lava, podía precipitarse sobre nosotros y sumergirnos bajo su lecho ardiente. Por otro lado, las grandes y nuevas teorías francesas, repetidas por las Cortes de Cádiz, trasmitidas a nuestras ciudades por la prensa y a nuestros campos por agentes secretos, despertaron ideas o sentimientos desconocidos hasta entonces: la palabra libertad resonó en la colonia y varias sublevaciones respondieron a ella. A este ruido nuestro gobierno comprendió por un momento todo el peligro que nos amenazaba. Esto fue durante la administración de don Alejandro Ramírez, hombre de grandes virtudes y de un celo infatigable por el bien público: bajo su influjo se organizó una junta de protección de colonización, único medio de aumentar la fuerza de la raza blanca, en frente de las hordas africanas, de conservar para lo futuro la prosperidad de la colonia y de destruir la esclavitud. Esta reunión de patriotas se ocupó ardientemente de su misión. Ofreciéronse a los emigrados los establecimientos de Nuevitas, Santo Domingo, isla Amalia, Fernandina y otros. Pero la nueva institución necesitaba dinero, la junta se vio sin él y sus esfuerzos fueron infructuosos: sus funciones se limitan ahora a figurar en la *Guía de Forasteros*. Por un Real decreto de 21 de agosto de 1817 se destinaron a la junta los fondos producidos por la contribución sobre costas procesales, pero no tardaron en darle otro destino; los privilegios y franquicias ofrecidos a los colonos por el mismo decreto no produjeron fruto alguno, y entretanto los puntos destinados a la colonización están poblados de esclavos. Más de las dos terceras partes del territorio de la isla, tan admirable de belleza y de juventud, condenados a no conocer la mano del hombre despliega su opulencia en espléndidas florestas vírgenes.

Bajo el gobierno de Fernando VII en 1817, siendo ministro de Estado el señor Pizarro, España concluyó con Inglaterra el tratado por el cual se prohibía el comercio de esclavos, y concedía a los ingleses el derecho de visita. En compensación de los perjuicios que iban a sufrir los armadores y negociantes españoles, Inglaterra concedía a España setenta mil libras esterlinas, sacrificio generoso en apariencia ofrecido al culto de la libertad, pero que por su magnificencia misma descubría el verdadero ídolo a que se consagraba. Sin embargo, esta suma en lugar de recibir su destino, fue en parte dilapidada y el resto se empleó en comprar muchos buques rusos en muy mal estado, los cuales aunque debían servir para conducir a América tropas con que combatir la independencia de México y del Perú, no salieron jamás del puerto de Cádiz, donde se inutilizaron. Esta compra inmoral y fraudulenta fue negociada por la mediación del señor N..., favorito del rey y vendido a los intereses de la Rusia. Poco después los ingleses desearon añadir nuevas cláusulas más rigurosas al tratado de abolición, que, como hemos dicho, era cada día infringido ostensiblemente; insistieron en muchas ocasiones cerca del gobierno español, y sus pretensiones fueron eludidas hasta el año de 1834, en que llegó a ser ministro de Estado el señor Martínez de la Rosa. La España tenía necesidad de contemporizar con el Gobierno Inglés, el cual fue el primero que entró en el tratado de la Cuádruple Alianza y que por su influencia podía prestarle un auxilio poderoso contra el Pretendiente. Los ingleses aprovechándose de esta circunstancia fueron más exigentes; entre otras cosas pidieron que los capitanes de buques negreros fuesen juzgados bien por las leyes contra la piratería o bien por las leyes inglesas, cláusula recíproca solamente en apariencia. Desde la abolición de la trata, España interesada en el comercio de esclavos había apoyado, si no protegido, la llegada de los buques negreros a sus colonias. Así este derecho de visita tan arbitrario como humillante para nuestra marina mercante, este derecho que sirve diariamente de excusa a los extranjeros para violar, bajo el pretexto de la menor sospecha, el domicilio marítimo del español y cometer en él actos ilícitos o violentos; este derecho odioso se hubiera completado con el de ahorcar o fusilar cuando quisiese cualquier oficial ingles a todo español acusado de ocuparse en el comercio de esclavos; y como de cada cinco buques dos lo menos son confiscados sin un motivo suficiente, resultaría que de cada cinco capitanes, dos hubieran sido quizá condenados injustamente a muerte.

Para comprender todo lo que hay de chocante en este *derecho* de visita, sería preciso conocer la multitud de hechos, de procesos, de reclamaciones que ha ocasionado. Algunos meses antes de mi llegada a Cuba, un negociante catalán, después de haber hecho su fortuna en esta isla, fletó un buque y se embarcó en él para volver a su país con su familia y su tesoro: apenas el buque estuvo fuera del canal, cuando le abordó un crucero inglés, cuyo comandante habiéndolo visitado, decidió que según la construcción del barco era evidente que estaba destinado a ir a buscar negros al África. ¿Puede creerse que un hombre emprendiese tal expedición rodeado de sus hijos, de sus perros, de sus pájaros y de todas las innumerables bagatelas que acompañan a una familia en su viaje? Estas consideraciones sin embargo fueron inútiles: el buque fue confiscado esperando una decisión ulterior, y dos días después la familia despojada y afligida fue echada en las costas de Cuba.

El gobierno español rechazó las dos proposiciones de los ingleses contra los capitanes de los buques negreros, la una como cruel, la otra como contraria a la dignidad nacional. Después de vivos debates, se decidió en que una ley española, hecha *ad hoc*, fijaría la pena reservada a este género de delito. No convenía al honor de la nación inglesa, que un tráfico, del cual había tenido el monopolio por más de medio siglo, fuese calificado de piratería. Promovióse otra cuestión con este motivo: estipulados los derechos de visita y de apresamiento, faltaba decidir lo que harían los ingleses con los negreros apresados, pues el primer tratado nada prevenía sobre este particular. Confusos, y tal vez movidos por una especie de pudor, los ingleses no se atrevieron a hacer de ellos un empleo lucrativo; pero discurrieron el echarlos en nuestras costas bajo el nombre de *emancipados*, esperando que la presencia de los negros libres excitaría la emulación de los esclavos y los arrastraría a la sublevación. Nuestro gobierno reclamó contra este abuso, los ingleses por el contrario, quisieron que fuese autorizado por una nueva cláusula añadida al tratado; pero el ministro español se negó a ello resueltamente.

Los cargamentos de negros emancipados introducidos en la isla sin autorización legal eran entregados al gobernador, que los repartía entre diversos individuos, mediante una onza anual por cada uno. Al terminar el primer año deben ser estos negros presentados al gobernador, el cual, después de estar seguro de que no han aprendido un oficio (que ninguno aprende), los entrega de nuevo al mismo individuo y siempre por dos años, de modo que su suerte es precisamente la de los esclavos, con la diferencia de estar privados de los cuidados y de la protección del dueño. Los que se encargan de ellos, no teniendo interés en su conservación, los someten a trabajos más penosos, y, no permitiéndoles libertarse con dinero su esclavitud, viene a ser eterna de hecho. Así contra todas las previsiones de los ingleses el estado de *emancipado*, lejos de seducir al esclavo, es para él un objeto de desprecio; cuando quieren dirigir una injuria a alguno de esta especie, le dicen: *tú no eres más que un emancipado*. El negro no comprende el sentido de la palabra libertad, él estima el bienestar material más que la independencia, o quizá tiene bastante discernimiento para conocer que el beneficio está en la cosa y no en la palabra, y que la suerte que quieren formarle no vale tanto como la que goza.

En el día los ingleses, viendo el mal éxito de sus planes, empiezan a aprovechar sus capturas de negros, ya vendiéndolos por segunda mano, ya conduciéndolos en sus pontones a Trinidad o a otros puntos, allí los cautivos se ven sometidos a trabajos tan penosos y a privaciones tales, que la suerte de los esclavos de Cuba les parece envidiable. Una parte de estos cargamentos está destinado a retornar a África; pero, en lugar de volver los negros a sus habitaciones, son conducidos a los establecimientos ingleses de las costas africanas, donde los comerciantes de aquella nación, protegidos por su marina real, los toman *alquilados* por veinte o treinta años, condición peor que la del esclavo.

El número de esclavos en la isla que en 1763 ascendía a 60.000, era en 1791, 144.567, y en 1827, 311.051: la población blanca relativa a los hombres de color era en el mismo año de 1827, de 44 a 56; en 1832 sobre 800.000 habitantes se contaban 500.000 de color. Hasta 1839 el número de negros se ha aumentado considerablemente, y no creo equivocarme fijándolo en 700.000.

La colonización no es protegida aunque las autoridades en sus teorías se muestren favorables a ella; y si los extranjeros que llegan a Cuba son recibidos sin dificultad, nada se hace para atraer a otros. Es verdad que la mayor parte son ingleses y americanos del Norte, y que los intereses de los unos y los principios políticos y religiosos de los otros no están muy en armonía con el sistema adoptado en Cuba; en esta isla se tiene más miedo al aumento de la fuerza de los blancos, ayudada con sus luces, que a la fuerza numérica de los negros, a quienes su ignorancia y su estupidez hace mucho más temibles. Así, desatendiendo la colonización, se tolera el aumento de los esclavos.

Esta política no solo carece de generosidad, sino que es injusta y perjudicial a los verdaderos intereses de la metrópoli, a la cual la isla de Cuba está ligada íntimamente por los vínculos de una raza común, por las costumbres, la religión y las simpatías: que el gobierno le dé pruebas de benevolencia y la hallará siempre fiel. Creo no equivocarme diciendo, que no hay un habitante de la colonia que, mediante algunas modificaciones saludables, no prefiera, bien por afecto, bien por el conocimiento de sus verdaderos intereses, la dominación de España a las teorías nacionales, y más todavía al yugo de cualquiera otra potencia. Además sus habitantes han dado pruebas en todos tiempos del amor que tienen a sus hermanos de España prodigando sus tesoros y su sangre para auxiliarlos en los tristes debates que la metrópoli ha sostenido.

La esclavitud en Cuba no es un estado abyecto y degradado: el esclavo está a cubierto de los caprichos o de los furores ciegos de su amo, y el hombre de color libre no se ve privado de los derechos y garantías del ciudadano porque haya sido vendido un día. En ninguna parte la voz de la filosofía y de la razón ejerce tanto imperio sobre las preocupaciones de clase y de fortuna. Mientras los republicanos de los Estados Unidos, llevando su afecto por la igualdad hasta el cinismo, miran la raza de color con el desprecio más intolerable, el habanero educado en el respeto de las clases aristocráticas, trata al mulato como hermano con tal que sea libre y bien criado. No faltan ejemplos de que la sangre india o africana circule bajo una piel blanca de resultas de uniones legítimas y reconocidas. Se observan estas fusiones especialmente en el interior de la isla, donde las facciones de los habitantes descubren muchas veces el origen indio, y no es raro que un ligero reflejo dorado sobre la piel o cabellos espesos y rizados revelen la sangre africana. Esta dirección tolerante de la opinión debe atribuirse a las leyes ilustradas y humanas hechas en otro tiempo por el gobierno de la metrópoli en favor de los negros. Si la nación española ha sido la primera en adelantar el comercio de esclavos, también ha sido la única que se haya ocupado en hacer participar a estos pobres desheredados del beneficio de las instituciones europeas. Esto nace de que nuestras leyes descienden de una santa inspiración, de la religión católica, que es la que ha producido la piadosa humanidad de nuestros colonos hacia sus esclavos;

y a los preceptos de humanidad, de caridad y de fraternidad que impone el Evangelio debe el esclavo la mayor parte de los beneficios que se le conceden.

La palabra *esclavitud* o *servidumbre* no tiene aquí el mismo sentido que en los códigos romanos, en los cuales esta calificación es igual a la exclusión de todo derecho civil, en que el esclavo era un hombre sin estado, es decir, sin patria y sin familia. Esta acepción aunque modificada después por las costumbres feudales, ha reducido siempre a un estado miserable a los esclavos o siervos en sus relaciones con sus dueños o señores y también con todo hombre libre. En Cuba, gracias a la bondad de las leyes y a la dulzura de las costumbres, el esclavo no lleva consigo esa señal de reprobación, y sería tan injusto como falso confundirlo no solo con el esclavo romano, sino también con el vasallo de los tiempos feudales. Por una Real cédula de 31 de mayo de 1789, el amo está obligado no solo a alimentar y a tratar bien al esclavo, sino también a darle cierta instrucción primaria, a asistirle en sus enfermedades y vejez, y a atender a su mujer y a sus hijos, aun cuando estos hayan llegado a ser libres. El esclavo no debe estar sometido sino a un trabajo moderado y solamente de Sol a Sol, teniendo en este tiempo dos horas de descanso. Si alguno de estos puntos no es observado, el esclavo tiene derecho a presentar su queja al *síndico procurador*, o protector de esclavos designado por la ley como su abogado: si la queja es fundada, el síndico puede obligar al amo a vender al esclavo, y este tiene el derecho de buscar otro dueño; y si el interés o la venganza hacen que el amo pida un precio muy subido, el síndico hace nombrar dos inteligentes que evalúan al esclavo en lo justo: si la queja no es fundada se devuelve al amo. Está prohibido aplicar penas corporales a los esclavos a menos que no sea por faltas graves; y aun en este caso el castigo está limitado por la ley: nos repugna esta cruel condición; pero es de imperiosa necesidad, y el negro acostumbrado a este rigor desde su nacimiento en África, sea por hábito, sea porque no siente el peso moral de esta ignominia, no la mide sino por el dolor: así su repugnancia por el trabajo y su indolencia no ceden sino a la violencia, que es mucho más chocante para los hombres nacidos en los países civilizados, para quienes las ideas de dignidad y de afrenta tienen un significado. ¿El soldado inglés no tiene que sufrir el *flogging*?, ¿el soldado alemán no está sujeto al *schlag*? y ¿el marinero francés no recibe los *coups de corde* o *de boutine*? Volvamos a nuestros pobres esclavos: si el dueño los castiga más cruelmente de lo que la ley permite y les causa contusión o herida, el sindico denuncia al culpable ante los magistrados y pide se les aplique la pena: entonces el amo es responsable y el esclavo se ve revestido por la ley de todos los derechos del hombre libre.

El esclavo romano no podía poseer nada; todo lo suyo pertenecía a su señor: en Cuba por la Real cédula de 1789, y, lo que es más notable, por la costumbre anterior a esta disposición legal, todo lo que el esclavo gana o posee le pertenece. Su derecho sobre su propiedad es tan sagrado como el del hombre libre; y si un amo abusando de su autoridad tratase de privarle de sus bienes, el procurador fiscal elegiría la restitución. Pero a los esclavos de Cuba se concede un derecho más precioso y que no existe en ningún otro código, el de Coartación. Esta ley debe su origen a las antiguas costumbres de los propietarios y a su caridad natural. No solo puede el esclavo, cuando posee el precio en que se le estima, obligar a su amo a darle la libertad, sino que, aunque no tenga toda la cantidad, le hace recibir parte de ella, siendo más de cincuenta pesos y así sucesivamente hasta que se redime del todo. Desde la primera suma que el esclavo paga, fija su precio y no puede aumentársele. La ley es paternal porque el esclavo: pudiendo libertarse por pequeñas sumas no gasta su peculio a medida que lo gana, y por este medio el amo es el depositario de sus ahorros: además no se desalienta con sus pequeñas ganancias delante de la perspectiva de reunir una gran cantidad, y se cree más cercano del fin de sus esperanzas, puesto que puede alcanzarlo por grados. Aun hay más (y este es un beneficio debido no a la ley sino al dueño, y consagrado por la costumbre), tan pronto como un negro se *coarta* tiene la libertad de no vivir en casa de su amo y ganar la vida por su cuenta, con tal que pague un salario convenido y proporcionado al precio del esclavo; de modo que, desde el momento en que este paga los primeros cincuenta pesos, adquiere la misma independencia que tiene un hombre libre que se ve obligado a pagar una deuda a su acreedor.

Es de advertir que muchas de estas leyes estaban ya indicadas por las costumbres liberales de los colonos de Cuba; guiados por un sentimiento paternal protegen y facilitan la emancipación de sus esclavos, y este resultado es más frecuente de lo que se cree. Además de la ley de coartación, un negro tiene muchos medios de adquirir dinero. En las fincas cada uno tiene permiso de criar aves y engordar otros animales que vende para su provecho, así como las legumbres que cultiva en su conuco, terreno que les es concedido por su amo, inmediato a su bohío o choza. Los domingos y por la tarde, después de haber cumplido su tarea, se dedica a este cuidado, que, en una tierra de promisión, se reduce a sembrar y recoger. Es tal su indolencia que muchas veces son necesarias las instancias del dueño para decidirle a aprovecharse de este beneficio. La ley francesa, mucho más severa que la nuestra, rehusaba al esclavo con el derecho de propiedad la facultad de vender; y, lo que es de un rigor inaudito, no podía disponer de nada ni aun con el permiso de su señor, bajo las penas de azotes al esclavo y fuertes multas al ramo y al comprador.

Los negros y negras destinados al servicio interior de la casa, pueden emplear su tiempo libre en otras obras que les sean útiles, y se aprovecharían más de esta ventaja si fueran menos perezosos y menos viciosos. Su ociosidad habitual, el ardor de la sangre africana y la indolencia que resulta de la falta de responsabilidad sobre la suerte propia, les hacen contraer las costumbres más desarregladas. Pocas veces se casan y ¿para qué? El marido y la mujer pueden cualquier día ser vendidos a diferentes amos, y su separación llega a ser eterna: sus hijos no les pertenecen, y privados de la felicidad doméstica así como de la comunidad de intereses, los lazos de la naturaleza se limitan entre ellos al instinto de una sensualidad violenta y desordenada. Si una pobre muchacha sale embarazada, el amo le aplica un castigo en nombre de la moral y conserva al hijo. Casi siempre ella es la únicamente castigada: la pena a que se la condena ordinariamente es desterrarla al ingenio por algunos meses o años si reincide. Se empieza por hacer confesar su falta a la culpable de rodillas, y, después que ella ha pedido perdón a Dios y a su amo, se le rapa la cabeza, se le cambia su vestido de ciudad por uno de listado[5] y montada en una mula, se la envía al ingenio, con la recua que trae las provisiones de la semana, donde es empleada en los trabajos de la finca, aunque lleva una recomendación de la señora para el mayoral.[6] Este castigo no corrige ni a la culpable ni a sus compañeras y mucho menos: sus cómplices, y la raza continúa creciendo y multiplicándose.

5   Especie de tela ordinaria.
6   Jefe o director blanco de los trabajos de los negros.

Mientras esto pasa en una parle de la isla, por un contraste de costumbres y de principios digno de notarse en algunas fincas la esclava recibe una recompensa por cada hijo legítimo o ilegítimo que da a luz, y si llega a tener cierto número se le da la libertad. Este estímulo, tan contrario a las buenas costumbres, es favorable al aumento de la raza y mejora la condición de las negras. Apenas están encinta, se las exonera de todo trabajo penoso, les dan mejor alimento y no vuelven a sus acostumbradas ocupaciones hasta cuarenta días después del parto. En Francia he visto, en el campo, infelices jóvenes en los últimos meses de su embarazo y con los calores de la canícula, pasar días enteros encorvadas segando con sus hoces. Para el trabajador libre un día sin trabajo es un día sin salario y de este depende muchas veces la existencia de toda una familia: si un instante, cansado de esta pena dura e incesante, agobiado por el peso de una vida llena de amargura y de responsabilidad se detiene para respirar, la miseria cae sobre él y los suyos, los sofoca y los colma. El esclavo, objeto de la piedad exaltada de los europeos, libre de porvenir y de ambición, tranquilo, indiferente, vive con el día, abandona a su amo el cuidado de su conservación y si se enferma a los veinte años, ve asegurada su existencia aunque viva un siglo.

Una de las cosas que produce ganancias al negro es el robo: pocos hay que sean fieles, y en gente desprovista de principios es por razón de la impunidad. Un amo robado por su esclavo se guardará bien de entregarlo a la justicia, tanto por temor de perder el dinero robado y también el negro, como por los gastos judiciales; así se limita a azotarle. El ladrón repite su hecho, y si antes que se descubra se liberta con el dinero que ha sustraído, es libre delante de la ley, y solo se le obliga a pagar la cantidad con el producto de su trabajo. Además de este medio ilícito de conseguir su libertad, los negros tienen otro en las gratificaciones que reciben por cualquier motivo de su amo, del niño de la niña, de los parientes y de los amigos de la casa y como el calor es excesivo y todo está abierto, por todas partes se les encuentra pidiendo: «mi amo, un reá pa tabaco; dó reales pa vino». Diciendo esto adelantan una mano, con la otra se rascan una oreja y enseñan sus blancos dientes con una mirada dulce y suplicante, que hace asomar la sonrisa a los labios, a veces las lágrimas a los ojos, y siempre llevar la mano al bolsillo.

El negro *carabalí* es el más económico, y se liberta pronto: no es cosa rara que un negro que guarda sus ahorros pueda libertarse a los dos o tres años de su llegada de África; pero frecuentemente prefiere la esclavitud y deposita su dinero en manos de su amo; si ensaya el libertarse, presto se arrepiente y acude a su señor, suplicándole que vuelva a tomarlo. Hace pocos días he visto a un antiguo esclavo de mi tío que se había libertado hace cerca de un año, y vino a ver a su amo, arrepentido de haberle dejado y llorando amargamente: «yo estaba bien aquí, decía, mi amo me daba todos los años dos vestidos completos, un gorro, un pañuelo, una frazada (manta), me alimentaba bien, y cuando estaba enfermo me curaba. Ahora me es preciso dinero para todo esto: si lo gano no me lo pagan al contado; si padezco, tengo que trabajar como si estuviera bueno; y si me veo obligado a hacer cama, el médico se lleva el fruto de mi trabajo: yo fui un caballo en libertarme».

Así que un negro es libre, ningún amo consiente en volverle a admitir en su casa y mucho menos si ha sido de la dotación de la finca. La independencia unida a la ignorancia y a la pereza, le hace contraer vicios, cuyo ejemplo sería temible para sus compañeros: en general es ocultador, y como una de las inclinaciones dominantes de los negros es el robo, se abandona más a él mientras más facilidad tiene de ocultarlo. El liberto tiene derecho a salir de la finca cuando quiere, y se aprovecha para ir a vender a los pueblos vecinos el fruto de los robos de sus camaradas. A veces da asilo al esclavo prófugo, por lo cual suele castigársele con dos o más meses de prisión, y con seis en caso de reincidencia, sin que pueda aplicárseles mayor pena. Compárese este castigo con el que señalaba para este caso la ley francesa. «Los negros libertos o libres que acojan en su casa a los esclavos fugitivos, serán condenados a una multa de 30 libras por cada día de retención para el amo; y en caso de no tener dichos negros libres o libertos con qué pagar, serán reducidos a la condición de esclavos y vendidos como tales: si el precio de la venta excede a la multa, el exceso se entregará al hospital.» Y como la suma exigida era exorbitante y poco proporcionada a la pobreza del liberto, este pagaba siempre su falta con su libertad.

Sin embargo, el liberto pocas veces tiene ocasión de abrigar al cimarrón, este prefiere la sabana solitaria: la yerba alta y espesa, enlazada con la gigantesca caña brava,[7] le ofrece un asilo más seguro, o bien refugiado en las montañas elige su habitación en los bosques vírgenes. Allí, protegido por los baluartes impenetrables de árboles antiquísimos, desafía la autoridad del amo, el rigor del mayoral y el diente asesino del perro. Bien pronto el hambre y la desesperación le obligan a echarse en las campiñas, prefiriendo la vida vagabunda y peligrosa al yugo del trabajo. No obstante cuando la hora del arrepentimiento llega, implora la mediación de su *padrino* que le encamina otra vez al redil, y consigue de este modo su perdón sin ninguna clase de castigo; si el fugitivo es

---

7   Especie de junco gigantesco que se eleva basta cincuenta pies.

aprehendido por fuerza o reincide, se le ponen prisiones para impedírselo, y la justicia no se mete en nada.

Veamos la pena que el código francés señalaba a la cimarronería. «Al esclavo prófugo que haya pasado en este estado un mes desde el día en que su amo le haya denunciado a la justicia, se le cortarán las orejas y se le marcará con una flor de lis en un hombro; si reincide durante otro mes, se le cortará una pierna y se le marcará con la flor de lis en el otro hombro, la tercera vez será castigado con pena de muerte.» Estos rigores parecen increíbles en una nación ilustrada y generosa.

Pero si la legislación francesa fue severa y dura, la ley inglesa es todavía más acerba y más inhumana. Cosa notable, mientras más libres son las instituciones con que se gobierna una nación, más aprieta el collar de hierro que oprime a sus esclavos: se diría que la necesidad de dominar y el orgullo humano, contenidos por leyes equitativas, tratan de desquitarse a expensas de la raza sujeta. España con su gobierno absoluto es la única nación que se ha ocupado en suavizar la suerte del negro: la humanidad de nuestros hacendados hacia sus esclavos, hace la vida material de estos más feliz sin duda que la de los jornaleros franceses, mientras los ingleses y americanos del Norte colman a sus negros de dolor y de disgustos con su mal trato y con su orgullo: les prohiben ponerse calzado, en tanto que nuestras chinas[8] con la mayor coquetería usan un elegante zapato de raso blanco.

La mayor parte de los esclavos empleados en el servicio interior han nacido en la isla y los llaman criollos:[9] su inteligencia es mayor que la de los africanos, su aspecto franco y familiar, pasan una vida cómoda y son muy indolentes; de

8   Así se llaman las hijas nacidas de blanco y negra.
9   Los negros nacidos en esta isla son designados con este nombre, y sus hijos con el de *rellollos*, lo que equivale a un título de nobleza entre ellos. ¡Hasta donde llega la vanidad!

donde resulta que se necesitan 60 u 80 negros para hacer mal el servicio interior de una casa, que sería bien atendida por seis u ocho criados de Europa. Hace algunos años que dos hijos de un cacique fueron robados por fraude o por violencia y conducidos aquí por un buque negrero portugués. Los vendieron, y poco tiempo después llegó a la isla una embajada de lucumíes embadurnados y llenos de plumas, que venían de parte de su jefe a reclamar a los dos príncipes robados. El gobernador consintió sin dificultad en devolverlos; pero ellos se negaron a dejar a Cuba, donde decían gozaban de una felicidad que no habían conocido en su país. Así el estado de príncipe en África no equivale al de esclavo en nuestras colonias.

Esto no quiere decir que la esclavitud sea un estado apetecible; Dios me libre de creerlo así. Solo me limito a sacar de este hecho una consecuencia incontestable, y es que los beneficios de la civilización y las buenas instituciones corrigen hasta la esclavitud, y la hacen preferible a la independencia despojada de todo bienestar, y expuesta siempre al capricho y a la brutalidad del más fuerte. El ejemplo que acabo de citar no es único: he visto en el establecimiento gimnástico de Cuba un joven negro, hijo de un jefe rico y temible, vendido a los comerciantes europeos por los enemigos de su padre, el cual desde que ha descubierto la residencia de su hijo, le envía cada seis meses emisarios para persuadirle que vuelva cerca de él y no ha conseguido hacerle consentir: se ocupa en domar caballos.

Los esclavos empleados en los trabajos del campo son todos bozales y apenas pueden explicarse en nuestro idioma; sus trabajos son dulces y su fisonomía estúpida. La fabricación del azúcar, la más penosa de sus tareas, está lejos de serlo tanto como la mayor parte de los trabajos mecánicos de

Europa: por otra parte esta fabricación llega a ser cada día menos laboriosa por la aplicación de nuevas máquinas y de nuevos instrumentos que la simplifican. Por lo que hace a la obra de mano agrícola elige pocos cuidados en una tierra que no pide ningún preparativo, y donde la planta de la caña se conserva hasta treinta años sin que sea necesario renovarla. Los campesinos de Cuba, los *guajiros*, la cultivan como las frutas y las legumbres para venderlas en el mercado.

Un hecho ha llamado mi atención. Siempre que he visto al negro ocupado en el mismo trabajo que al jornalero europeo, y que he comparado las dos obras, he hallado en el primero esfuerzo, fatiga, decaimiento; en el otro, alegría, vigor y animosa inteligencia. ¿De dónde nace esta desventaja de la raza africana, si, como dicen, es más fuerte que la nuestra? ¿Se deberá atribuirlo al clima? Pero el negro ha nacido bajo el ardiente Sol de África. ¿A su estúpida ignorancia, que aumenta las dificultades del trabajo, o a la indolencia que le adormece? Todas estas causas pueden contribuir, pero la primera, la más influyente de todas, es la poca costumbre que ha contraído del trabajo: por más robusto y bien constituido que sea, no puede vencer esta desventaja. Él es apto para correr, saltar, domar animales salvajes; pero se resiste al trabajo regular, práctico, pacífico, fruto de la civilización y de las buenas instituciones. Concluidos sus violentos ejercicios y calmado el furor de sus pasiones, no tarda en recaer en la más estúpida indolencia: de aquí el trato severo, el tachable rigor de los *mayorales*, cuando se empeñan en obligar a los negros a un trabajo regular.

Prescindiendo de la vigilancia, el de los negros en la colonia de Cuba es tan moderado, tan arreglado como el de los jornaleros del campo de Francia. A las cinco de la mañana, el mayoral llama a la puerta de los bohíos y todos se levantan y corren al batey:[10] allí se distribuye la tarea del día, y los negros parten guiados por el *contramayoral* o segundo jefe. A las ocho se les da un desayuno compuesto de carne y legumbres, a las once y media al sonido de la campana vuelven al batey donde se les distribuye una ración de carne ya cocida, para ahorrarles este trabajo durante las dos horas que se les da para descanso: la llevan a su bohío donde preparan un guisado abundante mezclado con mochos plátanos y sazonado con ajonjolí,[11] además tienen zambumbia[12] a discreción. A las dos vuelve la campana a llamarlos a la faena: al retirarse traen yerba para los animales y se reúnen en el batey al sonar la oración, allí la rezan de rodillas vigilados por el mayoral. Es un espectáculo grande, imponente y extraño. Cuatrocientos negros prosternados elevan sus oraciones al Eterno en alta voz bajo la sombra de árboles de siglos, a la faz de esta naturaleza soberbia, dorada por los últimos rayos del Sol de los trópicos. Al oír aquellos estrepitosos y salvajes acentos lanzados a los aires se llena el corazón de un terror secreto, y una voz profunda parece decirnos: «todos los cautiverios se asemejan». Después se retiran, toman otra comida y descansan hasta el día siguiente. Como hemos visto el orden del trabajo se diferencia poco del de los labradores de Francia, y si el esclavo es vigilado más severamente también se alimenta mejor.

La época de la *molienda*[13] es la más penosa; pero también la más deseada: es el momento de la misericordia. El amo está allí cerca de los esclavos, los escucha, los perdona si han merecido algún castigo, y contiene al mayoral, siempre áspero e inexorable en sus rigores, pero el adversario más temible

10 Gran espacio de terreno limpio donde están las fábricas.
11 Grano picante y aromático que gusta mucho a los negros.
12 Jugo de la caña fermentado.
13 Se llama así la elaboración del azúcar.

es el *contramayoral*, esclavo como los otros, y por esto duro y cruel hacia sus compañeros, especialmente con los que han sido de una tribu enemiga de la suya; entonces llega a ser feroz, implacable por espíritu de venganza.

A pesar de la constitución robusta de los negros, son sensibles a las impresiones atmosféricas; el calor y el frío les causan indisposiciones repentinas y graves. Curiosa y triste sería la enumeración de los negros que perecen anualmente ya por los sufrimientos que les hacen padecer al trasportarlos fraudulentamente de África, ya por otras causas. La observación ha probado que a pesar de los peligros de la fiebre amarilla, la mortalidad de los blancos es mucho más débil que la de los negros. El señor Saco[14] la estima en razón de un 10 % en año común, que aunque parece exorbitante no es exageración.

Si los africanos no tuvieran que luchar en la isla de Cuba sino con el calor, vista la analogía de los climas, tendrían una ventaja incontestable sobre los obreros blancos; pero diversas circunstancias destruyen esta ventaja. Poco importa que el calor incomode menos a los negros que a los blancos, si en llegando; a La Habana tienen que sufrir otras privaciones y otros dolores. Sin hablar de las enfermedades que les son propias, y que requieren todo el cuidado del amo para conservarlos, una innumerable multitud de ellos perecen en la travesía y en los barracones, especialmente desde la prohibición de la trata. Antes de esta época los buques negreros estaban sometidos a una vigilancia severa de parte de la policía militar: se vacunaba a los negros en cuanto llegaban, se cuidaba a los enfermos, y si el mal era contagioso se ponía en cuarentena. Estas excelentes medidas obligaban a los ca-

14 Patriota ilustrado, que ha escrito muchas obras notables comerciales, políticas y científicas entre las cuales se encuentran «Mi primera pregunta», y el «Examen analítico». Muchas de las observaciones que presento aquí son tomadas de sus obras.

pitanes a tratar a los negros con más cuidado y la mortandad era menos considerable. Pero desde la abolición de la trata el contrabandista negrero, pensando solamente en aprovecharse del peligro a que se expone, amontona en estos calabozos movibles tantos descreídos como pueden contener, y después de largos días y de más largas noches, llegan al puerto con una pequeña parte del cargamento desfallecida, moribunda, y a veces atacada de la peste; arrojada en costas solitarias, se queda sin recursos hasta que la enfermedad y la muerte la destruyen. A estas calamidades deben añadirse las supersticiones religiosas y el influjo que tienen sus brujos y sus adivinos sobre el ánimo de estos desventurados, muchas veces se suicidan o sucumben a las prácticas secretas e infernales exigidas por los misterios de su *Obcah*.

La plaga más terrible para los africanos es el *cólera*: en algunas fincas ha destruido los dos tercios de la dotación, mientras que los enfermeros blancos y los amos que los asistían con esmero ni siquiera eran atacados.

Tales elementos concurren a hacer más considerable la mortalidad de los negros que la de los blancos; estos gozan durante la travesía de más cuidado y de mejores alimentos, toman toda clase de precauciones para aclimatarse, no trabajan sino moderadamente y a sus horas. Se ha tratado siempre de inspirar a los europeos grandes temores a la fiebre amarilla; no hay razón para ello. Es una enfermedad tan bien conocida en el día que si no se la descuida al principio es de tan poca consideración como un resfriado: todos los criollos saben curarla y solo reina en los meses de la canícula. Pocos extranjeros que llegan a la isla en esta época del año son atacados; y si lo son, raro es el que sucumbe como se sujete a un régimen higiénico, y se aleje de las costas los primeros meses de su residencia en la isla: solo hay peligro en un radio de dos o tres leguas de la orilla del mar. Frecuentes ejemplos vienen a apoyar esta observación; basta irse a Guanabacoa, que solo dista media legua de La Habana para evitar la enfermedad, circunstancia tanto más importante cuanto que, estando los ingenios distantes del mar, los colonos que se dediquen a los trabajos agrícolas pueden contar con la mayor seguridad. Numerosas son las pruebas de la bondad de nuestro clima y de su influencia saludable sobre los extranjeros. Las Canarias nos envían anualmente cargamentos de hombres agobiados de fatigas, los cuales, después de largas travesías, llegan a veces en la época de los calores más fuertes, pues el número de los que sucumben es muchísimo menor que el de los africanos. Infinidad de europeos y de americanos del Norte viven entre nosotros atraídos por el comercio y las riquezas, muchos habitan en La Habana todo el año; así los extranjeros pueden sin temor venir a cultivar nuestros campos vírgenes, que les ofrecen tesoros inapreciables y no explotados.

La dulzura del cubano para su esclavo inspira a este un sentimiento de respeto que se aproxima al culto: este afecto es ilimitado, asesinaría al enemigo de su amo en la calle, en medio del día, a la vista de todos, perecería por él en el tormento sin fruncir la ceja: el amo es para el esclavo la patria y la familia. El esclavo lleva el nombre de su señor, recibe sus hijos cuando nacen, los alimenta con su leche, los sirve con adoración desde su más tierna infancia y cuando enferman los vela día y noche, les cierra los ojos al morir, y después se arroja contra el suelo, da espantosos aullidos y se despedaza la piel con las uñas. Pero si algún áspero resentimiento se despierta en su alma, recobra la ferocidad del salvaje: es ardiente en su odio como en su amor; pero casi nunca el amo es el objeto de su furia vengativa. Cuando un levantamiento no es provocado por extranjeros (lo que sucede rara vez) lo excita la irritación contra el mayoral.

He aquí un hecho que prueba el poder moral del amo sobre el ánimo de estos salvajes. Pocos meses antes de mi llegada, los negros del ingenio de mi primo don Rafael se sublevaron. Los esclavos recientemente llegados de África eran casi todos de nación *lucumí*,[15] es decir buenos trabajadores, pero violentos, irascibles y prontos a ahorcarse a la menor contrariedad. Acababan de dar las cinco de la mañana y empezaba a amanecer; Rafael se había marchado hacía media hora a otra de sus fincas, dejando todavía entregados al sueño a sus cuatro hijos y a su mujer embarazada. De repente esta, cuyo nombre es Pepilla, se despierta sobresaltada al ruido de horribles gritos acompañados de pasos precipitados. Salta del lecho espantada y ve que todos los negros de la finca se dirigen a la habitación: inmediatamente la rodean sus hijos llorando y gritando. Ella no tenía a su servicio sino esclavos y cree su pérdida cierta; pero apenas tiene tiempo de combinar estas ideas, cuando entra una de sus negras diciéndole: «Niña, no tenga su mercé cuidado, hemos cerrado todas las puertas, y ya Miguel ha ido a buscar al amo». Sus compañeras que la habían seguido, rodean al momento a su señora. Pero los sublevados se adelantaban, echándose de mano en mano un objeto ensangrentado y dando silbidos espantosos como las serpientes del desierto. «Este es el cuerpo del mayoral» gritaron las negras, Ya los sublevados estaban en la puerta de la casa, cuando Pepilla percibe el quitrín[16] de su marido que venía a escape. La pobre criatura que hasta entonces había esperado la muerte con valor al lado de sus hijos, desfallece a la vista de su marido que sin armas venía hacia aquellos

15 Tribu de África.
16 Carruaje del país cómodo y ligero.

furiosos, ella se desmayó. En tanto Rafael echa pie a tierra, se pone en frente de ellos, y con una mirada severa y un solo gesto, les señala la casa de purga.[17] Los esclavos callan al momento, sueltan el cuerpo del mayoral, y con la cabeza baja entran con sus machetes[18] donde se les había mandado. Podía decirse que ellos veían en aquel hombre desarmado el ángel exterminador.

Aunque el levantamiento hubiera cedido por un momento, Rafael, que ignoraba la causa de él y que temía sus resultados, quiso aprovechar este instante de calma para alejar a su familia del peligro. El quitrín no podía contener más de dos personas, y hubiera sido imprudencia esperar a que se hubiesen alistado otros carruajes. Pusieron en él a Pepilla, que estaba volviendo en sí, y a los niños como pudieron; ya iban a partir, cuando un hombre lleno de heridas, moribundo y desfigurado, se acercó a una rueda del quitrín intentando subir: leíanse en su rostro pálido las señales de la desesperación y los síntomas precursores de la muerte, el terror y la agonía se disputaban sus últimos momentos. Era el mayordomo blanco, asesinado por los negros: el cual, después de haberse escapado de su ferocidad, hacía los postreros esfuerzos, para salvar un soplo de vida. Sus quejidos, sus súplicas destrozaban el corazón: Rafael estaba en la cruel alternativa de desoír los ruegos de un moribundo y de echarle sobre sus hijos lleno de sangre, la piedad venció: lo metieron del mejor modo posible y partieron.

Mientras esto pasaba en la finca de Rafael, el marqués de Cárdenas, hermano de Pepilla, cuya finca está a dos leguas de la de su hermana y que por un esclavo había recibido avi-

17 Edificio donde se purifica el azúcar.
18 Arma de los negros que tiene alguna analogía con el *yatagan* de los turcos

so del peligro en que ésta se hallaba, corrió en su auxilio. Al acercarse a la casa percibió un grupo de rebeldes que guiados por un resto de furor y por temor al castigo, se dirigían a las sabanas a buscar asilo en los negros cimarrones. El marqués de Cárdenas, alarmado por el peligro que corría su hermana, no había hecho más que montar a caballo y partir, acompañado de un solo esclavo. Apenas los fugitivos armados vieron un hombre blanco, se dirigieron a él: el marqués se detuvo a esperarlos; pero era una temeridad. Su esclavo tomó el caballo por la rienda y le dijo: «Mi amo, váyase su mercé que yo me entenderé con ellos». Y dio un latigazo al caballo de su señor que partió a galope. El valiente José, porque su nombre debe conservarse como el de un héroe, hizo frente a la horda salvaje, para dar tiempo al fugitivo de escaparse y cayó después de haber recibido treinta y seis machetazos.

El levantamiento, que no era premeditado no tuvo resultas: había sido motivado por un castigo demasiado cruel, que el mayoral había aplicado a un esclavo, y los sublevados se dirigían a la casa para exponer sus quejas. Pidieron perdón a Rafael, se les concedió excepto a dos o tres que fueron entregados a la Justicia. Un hecho notable que prueba el afecto de los esclavos a su señor es, que en lo primero que pensaron los jefes del levantamiento fue en detener el juego de los cilindros de la máquina de vapor, sin cuya precaución esta hubiera hecho explosión y destruido el ingenio.

Los habitantes de Cuba, no solo favorecen la emancipación de sus esclavos, procurándoles medios de adquirir dinero, sino que muchos veces les dan la libertad. Un servicio, una prueba de afecto, la esclava que cría un niño de la familia, la que prodiga cuidados en la enfermedad última a alguno de ella, la antigüedad de los servicios, todas estas acciones reciben su recompensa, que es siempre la libertad. A veces el esclavo mira este beneficio como un castigo y lo recibe llorando. Podría citar una porción de casos en que el afecto del amo y el reconocimiento del esclavo honran a la humanidad. Hasta la época en que se abolió la trata, todas las naciones que tenían colonias ponían trabas a la manumisión. El amo que concedía la libertad a un esclavo estaba obligado a desembolsar por derechos de registro una suma equivalente al precio del esclavo: la ley española, más generosa, no exige por este beneficio ninguna contribución; lo reduce a una simple carta de libertad hecha y firmada por el amo, que la guarda en su archivo y da una copia al negro. El liberto puede poseer esclavos y fincas: hay algunos cuya fortuna asciende a 40 y 50.000 pesos. Pero la más dura de todas las condiciones es la de esclavo de un negro, cuya ferocidad natural se aumenta con el recuerdo de su propia esclavitud, y es cruel con sus siervos. Cuando ha obtenido su libertad por *coartación*, procura conservar los privilegios de esclavo, porque si este no tiene derechos, tampoco tiene deberes, y el negro que por su libertad goza de los primeros, quisiera libertarse de los segundos; así, poseyendo esclavos, casas y tierras tiene cuidado de quedar debiendo a su amo medio real por día como jornal de 50 pesos, cantidad que le falta para su libertad; por este medio se ve libre de las contribuciones y del servicio militar.

Aunque el esclavo posee el derecho de propiedad, a su muerte sus bienes pertenecen a su amo; pero si deja hijos nunca el propietario de Cuba se aprovecha de esta herencia, sino que conserva cuidadosamente el peculio del difunto, lo hace valer, y cuando es suficiente liberta a sus hijos por orden de edad. Muchas veces el negro libre deja por heredero al que fue su amo. Ved un ejemplo entre mil. En la época en que reinaba aquí el cólera, una vieja enfermera asistía los negros de mi hermano: ella había sido su esclava, y aunque se había libertado hacía años, continuaba sirviéndole. Atacada de la epidemia llamó a mi hermano y le dijo: «Mi amo yo me voy a morir: estas dieciocho onzas son para su mercé, esta moneda para mis camaradas: este buen viejo, mi marido, se va a morir también, si su mercé quiere puede darle una onza para ayudarle a pasar su vida». La pobre vieja no murió, pero escapó milagrosamente.

Citaré otro hecho para que se vea la elección y la delicadeza de alma de un esclavo. El conde de Jibacoa tenía un negro, el cual, queriendo libertarse, preguntó a su amo cuánto quería por él. El conde lo respondió: Nada, ya eres libre. «El negro calló, miró a su señor, derramó lágrimas y partió.» A las pocas horas volvió trayendo un hermoso negro bozal, que había comprado con el dinero que destinaba para su libertad, y dijo al conde: «Mi amo, su mercé tenía antes un esclavo, ahora tiene dos».

Los negros se identifican con los intereses de sus dueños y toman parte en sus querellas: el general Tacón, antiguo gobernador de La Habana, que ha hecho algunas cosas buenas en esta colonia, pero cuyo carácter duro e Inflexible ha excitado tantos resentimientos, se complacía en humillar a la nobleza con actos de despotismo: había perseguido al marqués de Casa-Calvo, que, a fuerza de sufrimiento, acabó por morir desterrado. Algún tiempo después el general Tacón daba una gran comida, buscáronse muchos cocineros pero el mejor de la ciudad era el negro Antonio, perteneciente a la marquesa de Arcos; hija del desgraciado Casa-Calvo. El gobernador, deslumbrado por el prestigio de su alta posición, creyó que nada podía resistírsele: lo pidió a su señora, la cual, como era de esperar, se lo negó. Picado el capitán general, hizo ofrecer al negro no solamente la libertad, sino una cuantiosa gratificación, si dejaba a sus señores para ir a servirle; pero el negro respondió: «Digan al gobernador que prefiero la esclavitud y la pobreza con mis amos a las riquezas y a la libertad con él».

Los libres de color gozan entre nosotros de las garantías y de los derechos concedidos a los colonos: forman parte de la milicia, y pueden llegar hasta el grado de capitán. Las compañías de la gente de color son las primeras que acuden a conservar el orden público. Más favorecido, más felices que los mulatos de Santo Domingo, nuestros hombres de color, lejos de querer imitarlos, están siempre prontos a sofocar las rebeliones de los esclavos; orgullosos de verse aproximar a la casta blanca por leyes liberales, tratan de separarse completamente de una raza degradada.

Concluyo con una última observación. Supongamos que los ingleses llegan a obtener sin trastorno, sin desórdenes, la emancipación de los esclavos de nuestras colonias. ¿Cuál será entre nosotros la existencia de más de 700.000 negros en frente de 300.000 blancos? Su primer sentimiento, su primera necesidad ¿qué será? No hacer nada. Ya he dicho que un trabajo regular les es insoportable y solo puede obligárseles a él por la fuerza. Las colonias inglesas, después de haber gastado más de 25.000.000 de francos, no han obtenido otro resultado que la ruina de la agricultura y la trasformación de la antigua esclavitud en un estado de ociosidad y de vagancia más desgraciado y más inmoral que la servidumbre. ¿No tenemos a la vista el triste resultado de la revolución de Santo Domingo, isla en otro tiempo floreciente, rica, espléndida, y hoy pobre, inculta abandonada y que apenas produce con qué mantener a sus ociosos habitantes siempre ebrios de vino y de tabaco? La pereza tiene tanto más imperio en los negros, cuanto que no es combatida por la necesidad. En Cuba la naturaleza satisface con lujo todos sus deseos, el suelo ofrece profusamente y sin cultura raíces colosales que se sazonan con aromas exquisitos, sin otro trabajo que el inclinarse para recogerlos. De casa no tienen necesidad bajo una atmósfera siempre caliente, donde las noches son más hermosas que los días: cuatro pilares y algunas ramas de palmas es todo lo que necesitan para guarecerse de la lluvia, después tienen una alfombra de yerba y de flores para descansar, y la bóveda del cielo para abrigarse: el calor les hace inútiles y a veces insoportables los vestidos. Un negro indolente y salvaje, desprovisto de todo deseo de progreso, de ambición, de deber, ¿querrá reemplazar esta vida vagabunda y sensual con los rigores de un trabajo voluntario y de una existencia adquirida con el sudor de su frente? Supongamos que por un milagro la educación moral de los esclavos emancipados, desenvolviéndose de repente, los trajese a amar el trabajo; si se volvieran laboriosos los negros, no tardarían en verse atormentados por el deseo de llegar, a ser propietarios: de aquí rivalidad, ambición, envidia contra los blancos y sus prerrogativas. Bajo un régimen político constitucional, en un país gobernado por leyes equitativas, ¿no reclamarían el participar de las mismas instituciones? ¿Les concederéis todos vuestros derechos, y todos vuestros privilegios? ¿Haréis de ellos vuestros jueces, vuestros generales y vuestros ministros? ¿Les daréis vuestras hijas en matrimonio? No es esto lo que queremos, exclamarán los amigos de los negros: que sean libres; pero que se limiten a trabajar la tierra, y a conducir la caña como bestias de carga.

No consentirán: si hoy se emplean en este trabajo y se consideran felices en su estado imperfecto de hombres salvajes, el día en que luzca para ellos la luz de la inteligencia conocerán que son hombres como vosotros, y el campo de batalla quedará por el más fuerte. Reflexionad que no habrá cuartel entre dos ratas incompatibles desde que se dé la señal de combate.

Vemos un ejemplo de esta verdad en los desastres acaecidos en Nueva York en julio de 1834. Apenas los negros se vieron libres, aspiraron a la igualdad; ¿y cómo respondió a esta pretensión el orgullo de los blancos? Con el fuego y con el hierro. Felizmente el número le los emancipados era muy pequeño,[19] llenáronse de terror y huyeron. ¿A dónde fueron a refugiarse? A los estados de los esclavos, para pedir allí asilo, protección y trabajo. Así los negros que la democracia emancipa en el Norte, son arrinconados por su tiranía y su orgullo en los estados meridionales, y no encuentran abrigo sino en el seno de la esclavitud. Este antecedente ha calmado mucho la exaltación de los abolicionistas y de la sociedad *anti-slavery*. Los filántropos honrados y religiosos que componen esta sociedad habían atacado hasta entonces con celo infatigable las preocupaciones que separan a los blancos de los negros, y habían ensayado mezclar las razas por medio del matrimonio; pero, detenidos por las consecuencias graves de su predicación, se limitan hoy a proteger la exportación de negros a África. Esta medida sería la más sabia si fuera practicable y sobre todo compatible con la conservación de las colonias. Así en todas partes donde se ha puesto en planta la emancipación ha tenido por resultado la cesación de trabajo y la ruina de los colonos, o el trastorno y desorden social.

Casualmente tengo a la vista un diario en que viene la relación de una causa que acaba de juzgarse en Martinica; esta relación está acompañada de acusaciones amargas contra los colonos, y consecuencias a favor de la emancipación. Se trata

---

19　En todo el estado solo hay 44.870 personas de color para 1.113.000 blancas, y en la ciudad de Nueva York, 13.000 personas de color para más de 200.000 blancas.

de una negra que, después de haber sido la concubina de su amo, envenena por celos el ganado de este: el implacable dueño la encierra en un calabozo, la condena a morir de hambre, y acusado delante de un tribunal sale absuelto. Cosa es verdaderamente chocante. Pero ¿qué es más odioso el crimen o el juicio? El juicio, sin disputa. La acción de una mujer que envenena a su amante por celos, o de un hombre que hace perecer a su querida por venganza, son crímenes horribles, pero que se cometen por la influencia de las pasiones, y se ven entre los blancos; así no es un argumento más ni una prueba menos en pro o en contra de la esclavitud. En cuanto al juicio es inicuo, por ser el resultado de malas leyes; y de que la legislación de la colonia sea viciosa, no se deduce que debe tenerse por un bien la emancipación. Corregid vuestros códigos, hacedlos más sabios, más justos, más humanos, y haciendo mejor la suerte de los negros de lo que sería con la emancipación, podréis absteneros de arruinar a vuestros colonos y de trastornar el mundo. Por otra parte, tenéis un medio de mejorar la suerte de los esclavos: sostened rigurosamente la abolición de la trata, los amos cuidarán más al esclavo, propiedad cuyo valor se aumentará, y lo que no se haya obtenido por humanidad se deberá al interés.

La experiencia prueba que mueren en Cuba cerca de la mitad más de libertos que de esclavos. En los años de 1832, 1833 y 1834, ha muerto en la isla un negro libre sobre treinta, y un esclavo sobre cincuenta y tres.

Ved las cuestiones que se presentan.

Los negros ¿son más felices en África que en nuestras colonias?

Llegados a América ¿encuentran una ventaja en ser emancipados más bien que esclavos?

¿Se conciliarán la justicia y la humanidad con el atentado a la propiedad y la lucha que resultaría de la emancipación?

¿Los ingleses trabajan contra la esclavitud en las colonias españolas por un sentimiento de verdadera filantropía? ¿Y son compatibles los medios que emplean para llegar a su fin con los sentimientos de filantropía que proclaman?

¿El bienestar material que los negros gozan en Cuba, la protección que les conceden las leyes, no son preferibles para ellos a los azares de una vida vagabunda y miserable; y para los colonos a los disturbios horribles que la existencia de estas hordas salvajes, ignorantes de las costumbres, usos y preocupaciones, podría causar?

Sobre estas diversas cuestiones he dicho lo que la experiencia me ha sugerido: he expuesto mis convicciones y mis dudas, el amor de la verdad ha sido mi única guía. La justicia abstracta es cosa grande y sublime sin duda, pero rara vez compatible con nuestra debilidad; Dios mismo, cuando nos la quiere conceder o imponer, se ve obligado a unir a ella la equidad que la modera.

La Condesa de Merlin.

Libros a la carta

A la carta es un servicio especializado para
empresas,
librerías,
bibliotecas,
editoriales
y centros de enseñanza;
y permite confeccionar libros que, por su formato y concepción, sirven a los propósitos más específicos de estas instituciones.

Las empresas nos encargan ediciones personalizadas para marketing editorial o para regalos institucionales. Y los interesados solicitan, a título personal, ediciones antiguas, o no disponibles en el mercado; y las acompañan con notas y comentarios críticos.

Las ediciones tienen como apoyo un libro de estilo con todo tipo de referencias sobre los criterios de tratamiento tipográfico aplicados a nuestros libros que puede ser consultado en Linkgua-ediciones.com.

Linkgua edita por encargo diferentes versiones de una misma obra con distintos tratamientos ortotipográficos (actualizaciones de carácter divulgativo de un clásico, o versiones estrictamente fieles a la edición original de referencia).

Este servicio de ediciones a la carta le permitirá, si usted se dedica a la enseñanza, tener una forma de hacer pública su interpretación de un texto y, sobre una versión digitalizada «base», usted podrá introducir interpretaciones del texto fuente. Es un tópico que los profesores denuncien en clase los desmanes de una edición, o vayan comentando errores de interpretación de un texto y esta es una solución útil a esa necesidad del mundo académico.

Asimismo publicamos de manera sistemática, en un mismo catálogo, tesis doctorales y actas de congresos académicos, que son distribuidas a través de nuestra Web.

El servicio de «libros a la carta» funciona de dos formas.

1. Tenemos un fondo de libros digitalizados que usted puede personalizar en tiradas de al menos cinco ejemplares. Estas personalizaciones pueden ser de todo tipo: añadir notas de clase para uso de un grupo de estudiantes, introducir logos corporativos para uso con fines de marketing empresarial, etc. etc.

2. Buscamos libros descatalogados de otras editoriales y los reeditamos en tiradas cortas a petición de un cliente.

Printed in Poland
by Amazon Fulfillment
Poland Sp. z o.o., Wrocław

69305490R00035